LARRY
BURKETT

FINANZAS PERSONALES

Incluye:
Modelos

Unilit

Publicado por
Editorial **Unilit**
Miami, Fl. 33172

Primera edición 1995

Originalmente publicado en inglés con el título:
Personal Finances por Moody Press
Chicago, Illinois

Traducido al español por: Nellyda Pablovsky

Producto: 497252
ISBN 0-7899-0021-1
Impreso en Colombia
Printed in Colombia

Acerca del autor

Larry Burkett está dedicado a enseñar al pueblo de Dios Sus principios para administrar el dinero. Desafortunadamente, la administración del dinero es un aspecto que los cristianos suelen descuidar con demasiada frecuencia, y constituye una de las principales causas de conflicto y desintegración tanto en los negocios como en la familia.

Burkett ha aconsejado y enseñado los principios financieros de Dios en toda la nación norteamericana desde hace más de veinte años. Como director de Conceptos Financieros Cristianos, Burkett ha dado asesoramiento, organizado seminarios y escrito muchos libros acerca del tema de mantener control presupuestario. Además, es escuchado a través de más de mil radioemisoras en todo el mundo.

Nota: El lector debe tomar en cuenta que este librito ha sido escrito con arreglo a las leyes del país del autor, las cuales pueden ser diferentes de las de su propio país. Pero hay principios universales que le será útil saber.

Finanzas personales

Es importante que el cristiano sea capaz de reconocer la esclavitud financiera, pero es igualmente importante saber cómo lograr la libertad financiera que se manifiesta en todo aspecto de la vida cristiana —alivio de las preocupaciones y tensiones debidas a deudas vencidas no pagadas, una conciencia limpia delante de Dios y los hombres, y la seguridad absoluta de que Dios controla sus finanzas.

Esto no quiere decir que las finanzas del cristiano deban estar totalmente desprovistas de dificultades. Dios permite a menudo que las consecuencias de actos anteriores den más fuerza a una lección que El quiere enseñarnos. Pero, no importa cuáles sean las circunstancias, Dios promete paz.

Cuando Dios administra nuestras finanzas no tenemos que preocuparnos. El es el dueño del universo. Nosotros buscamos Su sabiduría. Los seres humanos estamos sujetos a cometer errores a cada momento, pero tan pronto como admitimos nuestro error y dejamos que Dios se encargue del control nuevamente, volvemos a ser guiados por El.

Una vez que el cristiano experimenta verdaderamente la libertad financiera, nunca más deseará salirse de la voluntad de Dios. La paz perfecta es lo prometido, y la paz perfecta es lo que Dios da.

No he conocido a un no cristiano que tenga verdadera libertad de la preocupación, ansiedad, tensión, molestias o amargo rencor relacionados con el dinero. Una vez que la persona logra libertad financiera (esto significa libertad de la esclavitud de las deudas, opresión, envidia, codicia, avaricia y resentimiento), se destaca como un faro en el mar.

Principio bajo escrutinio

ARGUMENTO A FAVOR DE LA PLANIFICACION

Los cristianos suelen argumentar en cuanto a si es o no bíblico planificar. Aquellos que argumentan en contra del plan entienden mal lo que Dios dice acerca de las finanzas. Ellos aducen que Dios espera que nos confiemos a El en y para todo en lugar de planificar. Otros crean planes tan inflexibles que no pueden responder más a la orientación que da Dios. Claramente, la respuesta se halla en algún punto entre esos extremos.

Dios es un proveedor ordenado. El mundo físico no es caótico sino ordenado y bien planeado. Los átomos permanecen juntos porque Dios los ordenó así. Las finanzas son sólo otro aspecto de la vida del cristiano que Dios quiere manejar. Si somos mayordomos y Dios es el dueño, debemos buscar Su sabiduría. Por lo tanto, debemos ir a la Palabra de Dios respecto de nuestros planes.

SEA DIFERENTE

Dios nos llama a cada uno a ser disciplinados y a sacrificar para que se lleve a cabo la obra de Su reino. La disciplina y el sacrificio empiezan con las finanzas, aunque es posible tener disciplina financiera y seguir inactivo en la obra de Dios, pero es imposible tener indisciplina financiera y estar activo en la obra de Dios. «El que es fiel en lo muy poco, es fiel también en lo mucho; y el que es injusto en lo muy poco, también es injusto en lo mucho. Por tanto, si no habéis sido fieles en el uso de las riquezas injustas, ¿quién os confiará las riquezas verdaderas?» (Lucas 16:10-11).

La ausencia de disciplina afecta la vida espiritual y se manifiesta por estudio bíblico y oración inconsecuentes. Esto crea, sin excepciones, un debilitamiento de la conciencia espiritual. Nuestras finanzas son el lugar por donde debemos empezar a ser siervos disciplinados del Señor.

¿POR QUE PLANIFICAR?

1. Dios quiere que tengamos conocimiento acerca de los bienes que nos ha confiado. «Conoce bien la condición de tus rebaños, y presta atención a tu ganado» (Proverbios 27:23). En vez de ovejas y rebaños, ponga lo que usted tiene ahora.

2. Tenemos que ser activos en el plan de Dios, ejercitando nuestras mentes y habilidades. «Encomienda tus obras al Señor, y tus propósitos se afianzarán» (Proverbios 16:3). Se requiere de nosotros planificación y dedicación.

3. Planifique con el futuro en mente. «Porque, ¿quién de vosotros, deseando edificar una torre, no se sienta primero y calcula el costo, para ver si tiene lo suficiente para terminarla?» (Lucas 14:28). Esto significa que debemos tener en cuenta lo imprevisto.

4. Todo cristiano debe conocer cuál es la provisión de Dios para él a nivel individual y contentarse con eso. «Pero la piedad, en efecto, es un medio de gran ganancia cuando va acompañada de contentamiento» (1 Timoteo 6:6). Cumplir este mandato exige que ambos cónyuges trabajen y planifiquen juntos, que literalmente sean de «una sola mente».

Por dónde empezar

He aquí unas cuantas orientaciones para quienes nunca, o raramente, han desarrollado un plan financiero para su familia. Primero, si es casado, su plan debe abarcar ambos cónyuges. Deben separar por lo menos un día para orar y planificar las finanzas anuales. Segundo, no traten de ponerse a planificar en su casa, donde hay innumerables distracciones. Búsquense un lugar tranquilo donde no se les perturbe. Tercero, lleven toda la información que necesiten, incluyendo el libro de contabilidad bancaria del año anterior, el libro de presupuestos, copia de la declaración de impuestos, la chequera, y otros documentos que estimen apropiados. Cuarto, usen una guía presupuestaria familiar completa pero sencilla. *El cuaderno de la planificación financiera* y *La vida libre de deudas* son materiales que dan instrucciones paso por paso para desarrollar un plan anual y salir de deudas.

Dividan los deberes de acuerdo con las destrezas

Debe haber un tenedor de libros en la casa y será la persona con mejores habilidades en ese aspecto y el mayor tiempo disponible. La esposa suele servir mejor en esta función, simplemente porque se ocupa de los detalles y tiene más tiempo disponible. Sin embargo, todo plan será desarrollado por ambos cónyuges, los cuales deben separar un tiempo específico cada quince días para tratar de los progresos y los problemas. Si la esposa lleva las cuentas, asegúrense de que no es porque el marido rehúse aceptar sus responsabilidades de cabeza del hogar.

Fijen metas de lo que van a dar

Pero antes de establecer el presupuesto, aconsejo a los matrimonios cristianos que fijen metas de lo que van a dar. ¿Por qué? Porque lo que den no debe depender del sobrante ni de lo que «nos podemos permitir», sino más bien de la convicción que viene de Dios, que en Su Palabra nos dice que en este aspecto estiremos nuestra fe. Cuando la pareja puede ponerse de acuerdo en esta área, el resto de la planificación se facilita. *Dando y diezmando* es un libro de esta serie que puede servirles para decidir cómo y dónde dar.

Dado que la mayoría de los matrimonios suelen ser virtualmente opuestos, generalmente uno tiende a dar demasiado y el otro muy poco. La clave es aquí el logro de un compromiso razonable mientras se aventuran más allá de lo seguro, confiando verdaderamente en Dios para todo lo material. «Porque yo testifico que según sus posibilidades, y aun más allá de sus posibilidades, dieron de su propia voluntad» (2 Corintios 8:3).

Preparen un presupuesto preliminar

Una vez que hayan determinado cuánto van a dar y la cantidad que hay que pagar de impuestos, sabrán cuál es su «ingreso neto gastable» o sea la cantidad de dinero que pueden gastar mensualmente —pero no necesariamente lo que *debieran* gastar—. Cada pareja debe decidir ante el Señor cuál es la porción que ellos pueden gastar cada mes. Para aquellos que tienen un considerable ingreso neto gastable, esta cuestión es tan importante como la de cuánto han de dar.

El próximo paso del proceso de planificación es ponerse de acuerdo acerca de un presupuesto preliminar. Es preliminar porque si nunca antes han vivido sujetos a un presupuesto, van a pasar por alto ciertos aspectos del gasto inicialmente. Esto es particularmente cierto en lo tocante a gastos irregulares, como los del mantenimiento. La mejor manera de empezar es revisando cada categoría del presupuesto (vivienda, alimentación, automóvil, etc.) para establecer cuál será el presupuesto para este año. Una guía bastante razonable es la de sumar todos los gastos del año pasado en cada categoría y dividir el total entre doce. En la mayoría de los casos tendrá que agregar un porcentaje debido a la inflación.

Tendrá que revisar en esa forma cada categoría presupuestaria para poder fijar su presupuesto o plan de gastos. En nuestra libreta de presupuesto usamos doce categorías: diezmo, impuesto, vivienda, alimentación, automóvil, seguros, deudas, entretenimiento, recreación, ropa, ahorros, y misceláneas.

Una vez determinado su gasto mensual en cada categoría, el próximo paso que es controlar lo que se gasta cada mes. Cada categoría del presupuesto tendrá una hoja de contabilidad que muestre la suma presupuestada. A medida que va gastando el dinero, se reduce el saldo, y a fin de mes sabrá si se ha mantenido dentro del presupuesto.

Dos dificultades corrientes surgen a menudo al planificar sus finanzas: ser demasiado legalista o demasiado flexible. Si tratan de corregir en un solo mes todos sus años de malos hábitos financieros, caerán en el legalismo. Tanto el esposo como la esposa deben estar dispuestos a aceptar las mismas reducciones. Usualmente hay laxitud cuando se planifica el presupuesto, se archiva y nunca se controla. El proceso de planificación puede hacerles sentir mejor, pero ningún plan es valioso hasta que se pone en práctica.

Cómo planificar un programa financiero

TENGA UN CAMBIO DE ACTITUD

Primero debe cambiar de actitud. Haga un plan conforme a la convicción que Dios le dé y póngalo en práctica —aplique los principios de Dios a su vida.

Si hace planes inflexibles, solamente servirán para estorbar la obra de Dios, porque usted no podrá seguir ese plan. Elabore planes que guíen su vida financiera pero que contemplen también la recreación y el disfrute personales.

SEA FLEXIBLE

No haga planes que dependan totalmente del aumento de sus finanzas. La sabiduría de Dios puede manifestarse por medio de una reducción de ellas si es necesario para reorientar nuestra vida. A todos nos gustaría envolvernos solamente en empresas ganánciosas pero, a veces, la voluntad de Dios se realiza por medio de la pérdida. Pablo dice en Filipenses 4:12-13: «Sé vivir en pobreza, y sé vivir en prosperidad; en todo y por todo he aprendido el secreto tanto de estar saciado como de tener hambre, de tener abundancia como de sufrir necesidad. Todo lo puedo en Cristo que me fortalece». Debemos tener esa misma perspectiva al planificar.

ALGUNOS CONSEJOS

1. Aprenda a practicar la paciencia y la moderación en cada decisión financiera.

2. Tenga una actitud positiva.

3. Nunca se meta en decisiones financieras que exijan acción inmediata; deje que Dios tome Su curso. La diferencia entre ganancia y pérdida puede ser la actitud con que enfocamos las inversiones financieras.

4. Evite los programas para enriquecerse rápido, no importa cuán tentadores sean.

5. Mantenga sus planes mientras tenga paz al respecto.

6. No sea inflexible pero no cambien sus planes sólo porque alguien le diga algo diferente.

La mayoría de las empresas que fracasan, lo hacen porque están mal administradas o mal provista de fondos; tienen planificación inadecuada. Es inútil operar un negocio sin tener un plan de flujo de efectivo (ingresos versus egresos) a fin de asignar fondos para pagar las cuentas.

Dios tiene exactamente el mismo plan para el hogar cristiano, pero desafortunadamente la mayoría de nosotros no se da cuenta de ello. ¿Cómo puede alguien administrar un hogar sin coordinar el ingreso y los gastos?

Fíjese metas reales

Un propósito de la planificación es el de fijar metas financieras realistas que sirvan para medir si uno va por el camino determinado. Una meta básica debe ser la de decidir dónde quiere uno estar, financieramente hablando, de aquí a un año. Si una de sus metas es la de estar libre de deudas, allí es donde se impone su plan. ¿Puede realmente alcanzar esa meta en un año? De no ser así, ¿qué de dos o de tres años?

El plan financiero para un matrimonio joven que trata de comprar su primera casa será totalmente diferente del de un matrimonio ya jubilado que vive de un ingreso fijo. El plan que le sirve a alguien que tiene un salario regular, no funciona para un deportista que puede quedar sin salario al año siguiente. Cada plan debe adaptarse a cada caso. Los deportistas suelen esgrimir la incertidumbre de sus ingresos como excusa para no planificar, pero debido a esa incertidumbre es precisamente que necesitan planificar con mucho más cuidado que la familia promedio; ellos deben aprender a vivir con menos de lo que ganan, para guardar el excedente mientras están en los tiempos de las vacas gordas, y prepararse para cuando lleguen las vacas flacas. «Ve, mira la hormiga, perezoso, observa sus caminos, y sé sabio» (Proverbios 6:6).

Cada plan debe incluir metas a corto plazo y metas a largo plazo.

Metas a corto plazo

Estas afectan el día presente, y demandan inmediata atención. Los planes a corto plazo son, básicamente, hechos que ocurren a diario. Por ejemplo, una ama de casa debe tener un plan a corto plazo para comprar provisiones. Este plan contemplará cuánto compra, la frecuencia de la compra y el tipo de provisiones que necesita. Si no planifica, tiene que apresurarse a la tienda a comprar antes de preparar cada comida. De igual manera, debe haber un plan para pagar las cuentas, pues de lo contrario cuando se recibe el salario, parece como cosa llovida del cielo, y la reacción natural es la de gastar todo el dinero, sin pensar en las cuenta que no vencen inmediatamente. Después, no hay dinero para pagar las obligaciones. Obviamente, ése no es un plan conveniente.

Los planes a corto plazo de las empresas contemplan cosas como cuáles son las materias primas que se han de pedir para fabricar el producto. Si una empresa no planificara, tendría que parar diariamente las líneas de montaje mientras alguien fuera apresuradamente a comprar los materiales necesarios. Las empresas se fijan metas y desarrollan planes para cumplirlas.

Así pues, cada persona tiene planes o metas a corto plazo. Algunas son cuidadosamente consideradas; otras se dejan al azar. Si su meta a corto plazo es ganar dinero, revísela porque ése no es un objetivo cristiano. Tener el dinero como la meta significa que usted depende de usted mismo y no de Dios. La mera habilidad de ganar dinero no le enriquece espiritualmente (Proverbios 2:4-5). Todo cristiano que ha tenido el dinero como meta puede atestiguar que no satisface. En cambio, si sus metas son dirigidas por Dios le van a enriquecer espiritual y financieramente. ¿Cuáles son las metas a corto plazo que Dios desea que nos fijemos? ¿Cómo elaborar planes para cumplirlas?

HAGA SUS METAS PERSONALMENTE

Fíjese metas relacionadas con lo que Dios le pide que haga, no con lo que su vecino le dice que tiene que hacer. Resulta fácil dejarse atrapar en el frenesí de las estrategias ajenas. Vemos que al prójimo le va aparentemente bien, y nos dejamos convencer para lanzarnos a ideas a medio cocinar.

Es lamentable que muchas personas que realmente gustan de sus profesiones u ocupaciones se sienten frustrados debido a que otro está ganando más dinero en operaciones especulativas. Entonces se meten en cosas de las que conocen poco o nada. El resultado por lo general es una cara lección de finanzas. Las maneras de perder dinero son ilimitadas y una de las mejores es por medio del mal consejo asociado con la envidia.

LUCHE POR LA EXCELENCIA

Dios quiere cristianos que se destaquen en lo que hagan por empeñar en ello lo mejor de sus capacidades. A menudo los cristianos se hacen la idea de que el plan de Dios para nosotros es que seamos de segunda categoría, y se refrenan y nunca logran su potencial porque temen que otros piensen que son egoístas.

El cristiano puede sobresalir en todo lo que haga sin ser egoísta. Pablo se destacó sin ser egoísta; Simón Pedro se destacó y siguió siendo humilde. Cada uno de ellos conocía su fuente de poder y sabía lo que Dios le había pedido que hiciera; no aceptaron nada que no fuera la excelencia. Una de nuestras metas a corto plazo debe ser la excelencia.

Primera de Pedro 4:11 dice: «El que habla, que hable conforme a las palabras de Dios; el que sirve, que lo haga por la fortaleza que Dios da, para que en todo Dios sea glorificado mediante Jesucristo». Por ejemplo, es muy importante que las esposas y madres se destaquen en lo que hacen. La madre suele ser quien enseña los hábitos en la casa; sus actitudes suelen reflejarse en sus hijos. Si ella se destaca en lo que hace y mantiene bien organizada la casa, puede ser de gran ayuda para la planificación financiera doméstica.

HONRE A DIOS EN SU TRABAJO

Todo cristiano debe considerar lo siguiente:

¿Siempre es mi trabajo un ejemplo de vida cristiana?

¿Da testimonio de Cristo cada cosa que hago a diario?

¿Puedo realizar mi trabajo y honrar a Dios?

¿La empresa para la que trabajo trata honestamente con los demás?

¿Contribuyo a que otros violen los principios que creo?

¿Doy servicio genuino, o simplemente satisfago mis propias ambiciones?

Debemos responder a esas preguntas si deseamos que nuestro trabajo honre a Dios. Por ejemplo, el negocio de los seguros puede ser un gran servicio, pero a menudo se funda en la ganancia del vendedor más que en las necesidades del cliente. Así pues, venden a los clientes muy poca cobertura a un alto precio. Pocos vendedores dan la calidad y cantidad de cobertura que se adaptan a las necesidades exactas del comprador. Hacerlo así lleva más tiempo y trabajo, pero a fin de cuentas no sólo prospera el vendedor sino que el cliente se convierte en un representante suyo que le envía más clientes.

Gálatas 6:9 dice: «Y no nos cansemos de hacer el bien, pues a su tiempo, si no nos cansamos, segaremos».

Metas a largo plazo

Además de las metas a corto plazo, el cristiano tiene que fijarse metas a largo plazo. Muchos cristianos viven toda su vida sin establecerse metas piadosas para el uso de sus riquezas. Muchos se dejan atrapar por la diaria rutina dogmática. Muchos se encuentran, luego de cuarenta o cincuenta años de trabajo, con riqueza acumulada que les plantea todo un dilema acerca de qué hacer con ella. Otros se encuentran inmersos en problemas y dificultades financieras, sin tener un plan de acción prefijado. Los cristianos deben tener objetivos financieros a largo plazo. Todo plan financiero debe armonizar con las metas a largo plazo trazadas con mucha oración. Pregúntese lo que siguiente:

¿Qué quiero lograr en la vida?

¿Cómo voy a cumplir el plan de Dios?

Si Dios me bendice con mucho dinero, ¿qué haré con éi? ¿Qué plan tengo para esa eventualidad?

No todos los cristianos son ricos, pero todos tienen la responsabilidad de planificar bien, fijarse y desarrollar objetivos buenos y sabios, y operar conforme a los principios de Dios. El cristiano debe fijarse metas a largo plazo luego de orar personalmente y con su familia. Los principios bíblicos mencionados a continuación deben ser la piedra angular de toda meta a largo plazo.

ADMITA QUE NECESITA PLANIFICAR

Primero, reconozca la necesidad de planificar a largo plazo. Al igual que sus planes a corto plazo, los de largo plazo deben ser escritos. A menudo sucede que Dios le dará discernimiento de Su plan si usted escribe lo que espera cumplir.

Sus metas a largo plazo deben reflejar sus objetivos financieros personales, un plan para el excedente y un plan para después que usted muera.

FIJE UNA META MAXIMA

El cristiano debe tener una meta acerca de cuánto dinero quiere acumular —el máximo, no el mínimo—. Piense en términos de acumular dinero para provisión más bien que para protección.

Los cristianos que tienen objetivos financieros mínimos no se han dado cuenta realmente de lo que está pasando en la economía. Puede que Dios haya pedido a algunos cristianos que acumulen para las necesidades futuras de otros, pero aquí también la cuestión es de actitud. ¿Su actitud es la de acaparar, o la de compartir?

José guardó alimentos cuando estuvo en Egipto, ¿los acaparó o los almacenó para cuando fueran necesarios? Aquellos que no comparten en los buenos tiempos, tampoco lo harán en los difíciles.

Una vez que establezca una meta máxima, perderá importancia la aprobación de sus semejantes, y la verdad bíblica de Proverbios 11:28 será más evidente: «El que confía en sus riquezas, caerá, pero los justos prosperarán como la hoja verde».

ESTABLEZCA UN PLAN PARA EL EXCEDENTE

Usted debe tener un plan a largo plazo para el excedente que provea Dios. ¿Cuánto devolverá a la obra del Señor? ¿Cuánto debe suplir a su familia? ¿Cuánto debe invertir? ¿Debe dar a sus hijos todo lo que piden? (Muchas veces tratamos de justificar nuestro exceso de dedicación al trabajo por comprar cosas para nuestros hijos en lugar de pasar tiempo con ellos.) Todo cristiano debe evaluar por sí mismo el plan de Dios para el superávit. No obstante, Dios da algunas claras orientaciones.

Primera a los Corintios 3:12-13 declara: «Ahora bien, si sobre el fundamento alguno edifica con oro, plata, piedras preciosas, madera, heno, paja, la obra de cada uno se hará evidente; porque el día la dará a conocer, pues con fuego será revelada; el fuego mismo probará la calidad de la obra de cada uno».

¿Cuál es esta obra a la que se refiere Dios? Apocalipsis 2:19 tiene la respuesta: «Yo conozco tus obras, tu amor, tu fe, tu servicio, y tu perseverancia, y que tus obras recientes son mayores que las primeras». Cuando Jesús regrese, ¿podrá decirle: «Bien [hecho], [mi] siervo bueno y fiel»?

Establezca un plan para el excedente mientras tiene la oportunidad y la capacidad. No cuente con hechos futuros para apoyar la obra de Dios. Si tiene dinero guardado y Dios pone en su corazón una necesidad, dé inmediatamente. Puede que hasta sea necesario que no considere las ventajas tributarias. Muchos retienen las inversiones para sacar máximo provecho de las leyes tributarias. Estoy en desacuerdo con esa «lógica», pues prefiero mil veces tener de socio en una empresa a Dios que al gobierno.

OBEDEZCA LOS PRINCIPIOS DE DIOS

Al formular sus planes a largo plazo, dé atención específica a los principios de Dios:

La honestidad. Nunca se deje atrapar en algo que sea inmoral, deshonesto y fuera de ética, no importa lo atractivo que parezca. Proverbios 16:8 dice: «Mejor es poco con justicia, que gran ganancia con injusticia». Es importante que observemos la honestidad en todos nuestros planes. No hay mentiras pequeñas sino tan sólo mentiras. No hay robos pequeños, sino solamente robos.

El bienestar de los empleados. Los empleadores cristianos tienen la absoluta responsabilidad de preocuparse por sus empleados. Parte de los planes a largo plazo de su empresa deben contemplar el bienestar de sus empleados. Si espera una jornada justa de labor, pague el salario justo por esa jornada.

Las utilidades de las empresas pertenecen no sólo a la gerencia y a los dueños sino también a los empleados. Dios tiene un plan de administración de personal en la Biblia que revolucionaría el mundo empresarial, pero a menudo los empleadores cristianos están más dedicado a ganar dinero que a proveer para el bienestar de sus empleados. Primera a Timoteo 5:18 dice: «Porque la Escritura dice: No pondrás bozal al buey cuando trilla, y: El obrero es digno de su salario». Los empleadores cristianos no sólo tienen autoridad adicional, también tienen responsabilidad adicional.

Velar por los intereses de los demás Surgirán oportunidades para sacar provecho del prójimo. Usted debe condicionar previamente su actitud para evitar tentaciones. «No robes al pobre, porque es pobre, ni aplastes al afligido en la puerta; porque el Señor defenderá su causa, y quitará la vida de los que los roban» (Proverbios 22:22-23).

Obedecer la ley. Dios exige obedecer la ley en sus planes a largo plazo. Aquí me refiero específicamente a las leyes tributarias. Hay dos términos usados en lo tocante a la planificación tributaria. Uno es la evitación de impuestos, que se vale de todas las medidas legales disponibles que sean legítimas; la otra es la evasión de impuestos, que emplea todas las medidas lícitas más otras que están fuera de la ley. La línea que separa a ambas es fina y fácil de cruzar.

Considero que muchos cristianos tratan de justificar su violación de las leyes tributarias. Personas que no pensarían asaltar un banco justifican que se robe al gobierno. Por un lado, objeto la estructura del sistema tributario que es muy desproporcionada y desequilibrada, pero es robo evitar ilegalmente el pago de los impuestos debidos. Ello resulta fácil de justificar porque el gobierno es una institución grande e inflexible, pero, de todos modos, sigue siendo robo.

Proverbios 15:27 afirma: «Perturba su casa el que tiene ganancias ilícitas, pero el que aborrece el soborno vivirá». Saque toda la ventaja que pueda de cada ley tributaria existente: donaciones de caridad, protección de impuestos, depreciación y gastos... pero tenga mucho cuidado de no cruzar la línea y envolverse en evasión de impuestos y robo.

UN PLAN FAMILIAR A LARGO PLAZO

Todo cristiano debe establecer un plan familiar a largo plazo. ¿Qué quiere para su familia? ¿Ha reunido alguna vez a su familia para orar juntos acerca de cómo Dios quiere que vivan?

A Dios le interesa la casa en que usted vive, el automóvil que conduce, el lugar donde trabaja, si su esposa debe trabajar fuera de la casa, los estudios de sus hijos, y hasta la comida que comen. ¿Ha orado por esas cosas alguna vez? Si no lo ha hecho, ¿cómo espera saber cuál es la voluntad de Dios para su familia?

¿Puede acumular alguna vez lo suficiente para proteger a su familia? No lo creo. Lo mejor que puede hacer es la provisión a corto plazo. Dios tiene un plan mejor para cada cristiano que busca Su sabiduría. Cuando El dice: «No os preocupéis», eso no significa ser descuidado o imprudente. Hay una marcada diferencia entre diligencia o previsión y el afán.

Establezca prioridades. Sus planes a largo plazo deben enfocarse en las prioridades financieras. Necesidades, deseos, y caprichos son sumamente diferentes. Las necesidades contemplan las compras indispensables para satisfacer sus requerimientos básicos como comida, ropa, trabajo, vivienda, atención médica y otros aspectos afines a estos. «Y si tenemos qué comer y con qué cubrirnos, con eso estaremos contentos» (1 Timoteo 6:8).

Los deseos consideran elegir la calidad de los bienes de consumo: ropa de vestir en vez de ropa de trabajo; bisté en vez de albóndigas; un automóvil nuevo en vez de uno usado, y así por el estilo. Primera de Pedro 3:3-4 da un punto de referencia para determinar cuáles son las necesidades de un cristiano: «Y que vuestro adorno no sea externo: peinados ostentosos, joyas de oro ni vestidos lujosos, sino que sea el yo interno, con el adorno incorruptible de un espíritu tierno y sereno, lo cual es precioso delante de Dios».

Los caprichos son opciones que deben efectuarse solamente cuando hay excedente de fondos una vez que hayamos pagado todo lo debido y adeudado.

Establezca prioridades con su familia, en particular sus hijos. Ayúdeles a comprender la diferencia de necesidad, deseo y capricho. Cuando su hijo se le acerca con una petición, determine en cuál categoría ésta cae.

Si es necesidad, debe ser suplida. Si es deseo o capricho, usted tiene que explicar que si lo quiere, quizás, tenga que ganárselo. Cuando el niño aprende que debe ganarse sus deseos y caprichos, se adapta rápidamente y comienza a sopesar las revistas de historietas con el valor de un nuevo artículo deportivo; un juguete tonto con una moneda para su colección.

Sea consecuente y justo, pero firme. Al igual que Dios no quiere satisfacer los antojos que son dañinos para nosotros, usted debe sostener esa misma actitud respecto de sus hijos.

Tenga un plan de dar para la familia. ¿Por qué debe Dios confiarle un superávit a usted? ¿Administra bien el dinero su familia? ¿Entienden sus hijos la actitud apropiada en lo tocante a posesiones materiales? ¿Qué planes tienen los otros miembros de la familia respecto del dinero que ganan? ¿Están dispuestos a diezmar espontánea y gustosamente sin que usted tenga que presionarlos? Inclúyalos en la decisión, y oren juntos como familia.

Tenga un plan respecto de la propiedad. ¿Tiene un plan de cuánto va a legar a su familia cuando usted muera? ¿Está basado en provisión, o en protección? Usted tiene que darse cuenta de que no puede proteger a su familia. Se engañan quienes acumulan grandes cantidades de seguros de vida, con la mira de proveer protección a sus allegados después de su muerte. Tratamos de construir grandes ciudades amuralladas alrededor de nuestras familias porque creemos que es necesario protegerlos contra toda y cualquier contingencia, pero hay una forma mejor. El plan de Dios revolucionará nuestro concepto de protección. *Planes de seguros* es un librito de esta serie que examina la manera práctica de establecer un plan de legado o herencia.

Hágase un plan de contingencia. El cristiano debe establecer un plan de contingencia por si acumula riquezas más rápido de lo esperado. La Escritura es clara en este punto: el excedente de Dios debe ser compartido. En Proverbios 11:24-25 hallamos: «Hay quien reparte, y le es añadido más, y hay quien retiene lo que es justo, sólo para venir a menos. El alma generosa será prosperada; y el que riega será también regado». Este es el plan de Dios para los cristianos, pero a menos que se tenga un plan predeterminado para el aumento, los gastos se ajustarán para absorber cualquier aumento. Por consiguiente, nunca habrá un excedente para compartir.

Pasos a la libertad financiera

¿Cómo lograr la libertad financiera? Según el plan de Dios, ¿qué debemos hacer?

TRANSFIERA LA PROPIEDAD

El cristiano debe transferir a Dios la propiedad de cada cosa, lo que significa dinero, tiempo, familia, posesiones materiales, educación, hasta el potencial de ganarse la vida en el futuro. Hacerlo es esencial para llevar una vida llena del Espíritu también en materia de finanzas.

El cristiano debe darse cuenta de que no hay substituto posible de este paso. Si usted cree que es el dueño de aun una cosa, todo lo que afecte a esa cosa va a afectar su actitud. Dios no quiere introducir Su perfecta voluntad en nuestras vidas a menos que primero rindamos nuestra voluntad a El. Sin embargo, si transferimos todo a Dios, El demostrará Su suficiencia.

Es importante que entendamos y aceptemos las condiciones de Dios para que El se encargue de controlarnos (Deuteronomio 5:32-33). Dios cumplirá Sus promesas de suplir cada necesidad que tengamos por medios espirituales, materiales y físicos.

Es fácil decir: «Yo le entrego todo a Dios», pero no es fácil hacerlo. Al principio, es difícil buscar consecuentemente la voluntad de Dios en materia de cosas materiales, porque estamos muy acostumbrados a administrarnos y controlarnos a nosotros mismos.

Es gran alivio echar nuestras cargas sobre El. Entonces si algo le ocurre al automóvil, por ejemplo, uno puede decir: «Padre, te di este automóvil; lo he mantenido lo mejor que he podido, pero no es mío sino tuyo, así que haz lo que te plazca». Espere entonces la bendición de Dios.

LIBERESE DE LAS DEUDAS

El cristiano debe liberarse de todas las deudas. La deuda existe en cualquiera de estas situaciones: Se venció el plazo para pagar dinero, mercaderías, bienes o servicios que se deben a otras personas. El valor total de las obligaciones no respaldadas excede a los activos disponibles. En otras palabras, si en cualquier momento usted tuviera que convertir en dinero lo que posee, resultaría un saldo negativo en su cuenta.

A continuación ofrezco seis pasos para liberarse de las deudas:

1. Tenga un plan por escrito. Este plan es indispensable para todo el que se halla en esclavitud financiera. Escriba un plan de gastos, ordenándolos por importancia. Este ordenamiento es crucial, ya que nos olvidamos de la diferencia entre necesidad, deseo y capricho. Primera de Juan 2:15-16 dice: «No améis al mundo ni las cosas que están en el mundo. Si alguno ama al mundo, el amor del Padre no está en él. Porque todo lo que hay en el mundo, la pasión de la carne, la pasión de los ojos, y la arrogancia de la vida, no proviene del Padre, sino del mundo».

2. Limite los gastos a las cosas esenciales. El cristiano endeudado debe dejar de gastar en todo lo que no sea absolutamente esencial (Proverbios 21:17). Piense de servicios relacionados con la casa que pueden efectuarse sin costos externos. También comience a desarrollar algunas destrezas, pues al usarlas puede disminuir gastos que no son esenciales.

Quiero aquí expresar la actitud conservadora. Recuerde que muchos gastos que se suponen esenciales lo son solamente debido a la sociedad en que vivimos. Hace cincuenta años casi todo el trabajo doméstico era realizado por miembros de la familia —no por profesionales que cobran.

Los cristianos esclavizados deben comenzar a considerar qué pueden hacer por sí mismos y dejarse de frivolidades.

3. Piense antes de comprar. El cristiano endeudado (y aun aquellos que no lo están) deben pensar antes de cada compra (Proverbios 24:3). Evalúe sus compras como sigue:

¿Es una necesidad? ¿He determinado si es una necesidad, un deseo o un capricho?

¿Esta compra refleja mi ética cristiana? (Por ejemplo, la revista *Playboy* obviamente no refleja la ética cristiana). ¿Puedo continuar suscrito a revistas, enciclopedias, clubes de libros o cintas o videos si tengo otras deudas?

¿Es la mejor compra posible, o compro solamente porque tengo esta tarjeta de crédito?

¿Es un artículo que se deprecia mucho? (Piscinas, embarcaciones y automóviles deportivos caen en esta categoría.)

¿Exige mantenimiento costoso? (Muchos artículos caen en esta categoría: casas rodantes, piscinas, televisores para colores).

4. Deje de comprar a crédito. El cristiano endeudado debe comprar solamente al contado, pues suele suceder que una persona endeudada que dispone de un activo liquidable, cavile: «¿Sería mejor vender esto y pagar todas las deudas?» Esa es una opción posible, pero es sabia solamente si primero aprende nuevos hábitos de compra; de lo contrario, aplica el tratamiento al síntoma en vez de al problema.

Por ejemplo, recuerdo a un matrimonio que estaba en gran esclavitud financiera debido a las tarjetas de crédito. Debían más de $20.000 y pagaban más de $4.000 anualmente por intereses solamente. Cuando empecé a ayudarles con sus planificaciones, parecía sensato que vendieran su casa y usaran ese dinero para liquidar sus deudas. Así lo hicieron, pero en menos de un año estaban endeudados otra vez en más de $6.000 con las tarjetas de crédito, y esta vez sin casa.

¿Qué pasó? Yo había tratado un síntoma en vez del problema, que era su irresponsable actitud con las tarjetas de crédito. Sin elaborar un plan para dejar de usar las tarjetas, pronto volvieron a caer en la misma trampa. Sacaban y usaban la tarjeta tan pronto como necesitaban algo y no tenían dinero para comprarlo.

El principio que hay que practicar es este: Si te hayas endeudado por abusar del crédito, para —para del todo— de usarlo. Una de las mejores cosas que se debe hacer con las tarjetas de crédito es calentar el horno a 200 grados centígrados y entonces ponerlas dentro. Después, devolverlas por correo a las respectivas empresas y decirles que no le envíen más cartas. Adjunte a su carta el plan para pagar la deuda de esa tarjeta de crédito y hágase el propósito de comprar solamente al contado. Véase *Libertad financiera* para ayuda adicional en desarrollar buenos hábitos para librarse de las deudas.

Una vez que se han formado buenos hábitos y rota la esclavitud del abuso del crédito, considere la factibilidad de liquidar sus activos para pagar todas las deudas. En este momento ya no estará tratando solamente el síntoma.

5. Evite el palanqueo. Cuando esté endeudado evite recurrir a lo que se llama «palanqueo». Por ejemplo si compró algo que costó $10.000 y dio $1.000 como pago inicial, eso representa una palanca de nueve a uno. Ha invertido diez por ciento de su dinero y pedido prestado noventa por ciento.

Pedir prestado dinero para invertir no es bíblico. Cuando usted pide dinero a un banco para invertir, depende de la ganancia que tenga esa inversión para pagar el préstamo bancario, pero si no hay ganancia y usted no paga, pierde la inversión y sigue debiendo al banco.

6. Practique el ahorro. El cristiano debe ahorrar dinero regularmente, y esto se aplica también al cristiano endeudado. No importa que solamente pueda ahorrar cinco dólares al mes, ahórrelos para desarrollar la disciplina del ahorro.

Esto no significa que deba acumular una gran cantidad de dinero sin pagar a sus acreedores, pero uno de los buenos hábitos que debe desarrollar un matrimonio joven es el de ahorrar una pequeña suma en forma regular.

Toda persona que vive por encima del nivel de pobreza en esta sociedad, puede ahorrar dinero, pero muchos no lo hacen porque creen que la suma que pueden ahorrar es tan pequeña que carece de todo significado. Otros creen que Dios se molesta si un cristiano ahorra algo. Ninguna de esas actitudes son bíblicas. «Tesoro precioso y aceite hay en la casa del sabio, pero el necio todo lo disipa» (Proverbios 21:20). La Biblia nos instruye que ahorremos de manera habitual.

ESTABLEZCA EL DIEZMO

Todo cristiano debe establecer el diezmo como testimonio mínimo de que Dios es dueño de todo lo que posee. Al dar reconocemos Su poder en materia de finanzas. Dios siempre quiere que demos la primera parte a El, pero también manda que paguemos a nuestros acreedores. Eso exige establecer un plan y, probablemente, sacrificarse hasta que todas las deudas hayan sido pagadas o estén al día.

Usted no puede sacrificar la parte de Dios —esto no es su prerrogativa como cristiano—. «Pero esto *digo*: El que siembra escasamente, escasamente también segará; y el que siembra abundantemente, abundantemente también segará» (2 Corintios 9:6). Entonces, ¿cuál es la clave? Si es necesario efectuar un sacrificio —y casi siempre es así— no sacrifique la parte de Dios ni la de sus acreedores. Elija una parte de sus propios gastos para sacrificarla.

ACEPTE LA PROVISION DE DIOS

Para obtener la paz en materia de finanzas, reconozca y acepte que la provisión de Dios es usada para dirigir nuestra vida. Los cristianos pierden a menudo de vista el hecho de que la voluntad de Dios puede cumplirse El retener los fondos; tendemos a pensar que El nos puede dirigir solamente por medio de la abundancia. Pero Dios no opta porque todos vivan en la prosperidad. Como dije antes, eso no significa que debemos vivir en la pobreza, pero puede significar que Dios quiere que seamos más sensibles a Su control cotidiano.

Cada cristiano debe aprender a vivir con lo que Dios provea y no sucumbir a la presión ejercida por los deseos que impelen a tener riquezas y cosas materiales.

DESARROLLE UNA CONCIENCIA CLARA

El cristiano debe tener clara conciencia respecto de sus pasadas prácticas de negocios de sus tratos personales. Esto puede exigir restitución además del cambio de actitud.

Recuerdo a un amigo que, antes de ser convertido a Cristo, había estafado a una persona; Dios le hizo sentir su culpa y le indicó que debía ir y hacer restitución. Este amigo se puso en contacto con aquella persona, confesó lo que había hecho y ofreció arreglar la cosa. La persona rehusó perdonar y no quiso aceptar dinero.

Primero, el ego y orgullo de mi amigo quedó muy herido, hasta que se dio cuenta de que no había confesado por la persona a quien había ofendido sino por sí mismo. El no había ofrecido restituir para pagar la pérdida sino para restaurar su relación con Dios. Dios le había perdonado y él había hecho exactamente lo que Dios había demandado. No quedaba nada más que hacer.

PONGA PRIMERO AL PROJIMO

El cristiano que busca la libertad financiera debe estar siempre dispuesto a poner primero al prójimo. Esto no significa que tenga que ser la alfombra de limpiarse los pies de todos, sino simplemente que no saque ventaja de la desventaja ajena.

LIMITE EL USO DEL TIEMPO

El cristiano también debe limitar el tiempo que dedica al trabajo o los negocios cuando su familia se ve afectada. «No te fatigues en adquirir riquezas, deja de pensar en *ellas*. Cuando pones tus ojos en ella, ya no está. Porque la *riqueza* ciertamente se hace alas, como águila que vuela *hacia* los cielos» (Proverbios 23:4-5). Muchos cristianos están atrapados en el ciclo de la excesiva dedicación al trabajo o del andar en pos del dinero.

La primera prioridad de la vida cristiana es desarrollar su relación personal con Jesucristo.

La segunda prioridad es el compromiso con su familia, lo que incluye instruirla en la Palabra de Dios. Esta instrucción significa una dedicación de un tiempo específico. Sacrificio si es necesario. Si considera que el espacio de tiempo mejor para pasar con su familia es de ocho y nueve de la noche, dedique ese tiempo a Dios, apague el televisor, procure que sus hijos hayan hecho más temprano los deberes para la escuela, y empiecen a estudiar juntos la Biblia. Es importante que toda la familia adore a Dios y ore junta.

La tercera prioridad de la vida cristiana son las actividades de la iglesia, los grupos sociales, el trabajo y otros pasatiempos que tenga.

EVITE LA AUTOCOMPLACENCIA

A fin de lograr la libertad financiera, todo cristiano debe evitar la autocomplacencia en el modo de vivir. La voluntad de Dios puede hallarse en la esfera de Lucas 9:23, donde Cristo dice: «Si alguno quiere venir en pos de mí, niéguese a sí mismo, tome su cruz cada día, y sígame», y Juan 6:27: «Trabajad, no por el alimento que perece, sino por el alimento que permanece para vida eterna, el cual el Hijo del Hombre os dará, porque a éste es a *quien* el Padre, Dios, ha marcado con su sello».

¿Encaja su estilo de vida en esa esfera? ¿Está dispuesto a confiar en Dios y negarse algunos gustos?

A medida que lo vaya haciendo, El irá supliendo aun más. Lamentablemente, la mayoría de nosotros somos desenfrenados, pues nos complacemos todos los deseos y caprichos. La mayoría podríamos reducir sustancialmente nuestros gastos sin disminuir realmente la calidad de vida.

BUSQUE CONSEJO CRISTIANO

Es importante buscar buen consejo cristiano cada vez que dude. «Sin consulta, los planes se frustran, pero con muchos consejeros, triunfan» (Proverbios 15:22). Dios nos amonesta a que busquemos consejo y no confiemos solamente en nuestros propios recursos. Muchos cristianos se frustran en materia de planificación financiera porque no tienen el conocimiento necesario y renuncian a planificar. Dios ha puesto otras personas que tienen la habilidad de ayudar en materia de finanzas. Búsquelas.

Pasos para confeccionar un presupuesto

Lo que sigue es una guía práctica que le servirá para establecer un presupuesto familiar. Más adelante, hay un formulario que puede servir de modelo. Emplee el mismo como guía en la preparación de su propio presupuesto.

PASO 1. LISTA DE GASTOS MENSUALES

A. Gastos fijos

1. Diezmo
2. Impuestos nacionales sobre los ingresos personales (si éstos son deducidos de su salario, omita esta parte)
3. Impuestos provinciales o estatales sobre los ingresos personales (si éstos son deducidos de su salario, omita esta parte)
4. Aportaciones al seguro social (Si éstas son deducidas de su salario, omita esta parte)
5. Gastos de la vivienda (amortización/alquiler)
6. Impuestos a la residencia
7. Seguro de la vivienda
8. Otros

B. Gastos variables

1. Alimentación
2. Deudas pendientes
3. Servicios públicos (luz, gas, agua, teléfono)
4. Seguros (vida, hospitalización, auto)
5. Entretenimiento, recreación
6. Ropa y zapatos
7. Gastos médicos y dentales
8. Ahorro
9. Gastos misceláneos

Nota: A fin de determinar los gastos variables con exactitud, se sugiere que ambos cónyuges anoten diariamente sus gastos durante treinta días. Anote todo lo que gaste, aunque sea una compra de unos centavos.

PASO 2. LISTA DE INGRESOS MENSUALES DISPONIBLES

1. Salario
2. Rentas
3. Pagarés
4. Intereses
5. Dividendos de acciones
6. Devolución de impuestos
7. Otros

Nota: Si usted funciona con un ingreso mensual variable, use un promedio anual dividido en meses.

PASO 3. COMPARE LOS INGRESOS CON LOS GASTOS

Si el ingreso total supera al total de gastos, solamente tiene que establecer un método de control presupuestario en su casa. Si los gastos superan al ingreso (o si desea aplicar controles más rígidos de gastos) necesita dar otros pasos más. En ese caso, debe analizar cada área del presupuesto.

Rompedores de presupuestos

«Rompedores de presupuestos» son las áreas de problemas potenciales que pueden echar a perder un presupuesto. Omitir el control de una de estas áreas puede resultar en desastre financiero en el hogar. A continuación se evalúa este aspecto para un presupuesto típico de un ingreso de $25.000. Por supuesto, estos porcentajes variarán de acuerdo con el ingreso y el lugar donde se vive.

VIVIENDA (38% DEL INGRESO NETO)

La vivienda es uno de los más grandes problemas del presupuesto. Muchas familias compran una casa que no pueden pagar. No es necesario que todos sean dueños de la casa en que viven. La decisión de comprar o arrendar debe basarse en las necesidades y capacidad de pago más que en presiones externas o internas. El librito *Compras mayores* explica cómo decidir si comprar o arrendar casa.

ALIMENTACION (12% DEL INGRESO NETO)

Muchas familias compran demasiada comida. Otras, muy poca. La familia norteamericana promedio compra alimentos que no debe comprar. Reducir la cuenta familiar de comida exige planificación de cantidad y calidad.

Sugerencia para la compra de comestibles

Siempre lleve una lista escrita.

Ahorre combustible [del automóvil] por comprar provisiones para un período mayor y en cantidades mayores.

Evite ir de compras cuando tiene hambre (especialmente si es adicto a las cosas dulces).

Use una calculadora, si puede, para ir sumando lo que compra.

Reduzca o elimine los productos desechables, de papel, cartón, o plástico —servilletas, vasos, cubiertos, platos, etc.— Use los de tela y de metal.

Considere dónde comprar artículos varios —como los de aseo personal— Estos suelen ser más baratos en las ofertas de tiendas de cadenas de establecimientos.

Evite los cereales preparados y recubiertos de azúcar porque son caros y tienen poco valor nutritivo.

Evite alimentos preparados —comidas completas congeladas listas para comer, postres, etc.— porque paga por trabajo que usted mismo puede hacer.

Elija buenos cortes de carne, preferentemente de la paleta del animal u otros propios para asados, y haga que el carnicero se los corte. Comprar carne cortada y envasada que esté en oferta, suele resultar bastante económico también.

Pruebe productos en conserva que llevan el nombre del establecimiento como marca, pues suelen ser más baratos y tan nutritivos como los otros.

Evite los productos subidos de precio debido a la temporada. Frutas y vegetales caen en esta categoría; sustitúyalos o elimínelos.

Aproveche los productos que se anuncian a precios reducidos.

Evite las tiendas que dan cupones con la compra si los precios reflejan el valor de los cupones (no todas lo hacen —algunas reemplazan los cupones con otra forma de incentivo).

Compre leche, pan, huevos y cosas parecidas de tiendas especiales si le es posible. Los precios suelen ser de diez a quince por ciento menores. Mantenga alguna leche en polvo a mano para disminuir los viajes «rápidos» a la tienda.

Evite comprar artículos que no sean comestibles en el supermercado, a menos que estén en oferta, porque generalmente cuestan más allí.

Use alimentos normales pasados por una licuadora para alimentar a los bebés.

Deje a los niños en casa para evitar presiones innecesarias —que ellos se antojen de algo que está fuera de los planes.

Examine cada artículo cuando aún está en el supermercado, y de nuevo cuando llegue a casa.

Envase vegetales frescos cuando pueda. Cómprelos al por mayor de acuerdo con otras familias en mercados campesinos o lo que resulte igual.

Nota: aprovisiónese de conservas para cuando están fuera de su temporada.

AUTOMOVILES
(15% DEL INGRESO NETO)

A menudo nos falta sabiduría para hacer decisiones en lo que respecta a nuestras máquinas —especialmente a nuestros automóviles—. Aquellos que compran un automóvil nuevo, lo tienen menos de cuatro años y luego lo cambian por el nuevo modelo, gastan el máximo de dinero. Algunas personas, por ejemplo los vendedores que se mueven mucho, necesitan automóviles nuevos frecuentemente; la mayoría de nosotros no.

DEUDAS (5 % DEL INGRESO NETO)

El presupuesto debe contemplar, idealmente, 7% o menos para pagar deudas. Lamentablemente, la norma en las familias norteamericanas excede en mucho esa proporción. ¿Qué hacer si existe esta situación?

1. Destruya todas sus tarjetas de crédito.

2. Establezca un programa de pagos que incluya a todos los acreedores.

3. Póngase en contacto con todos los acreedores, comuníqueles honestamente su problema y arregle un plan razonable de pago.

4. Compre solamente al contado, y sacrifique sus deseos y caprichos hasta que esté al día.

SEGUROS (5% DEL INGRESO NETO)

Pocas personas son entendidas en seguros —cuánto y cuál se necesita—. Casi nadie permitiría que alguien le vendiera un Rolls Royce cuando sus recursos sólo le permiten comprar un Chevrolet; sin embargo, muchos compran seguros caros cuando sus necesidades dictan otra cosa.

El seguro debe usarse como provisión complementaria para la familia, no como protección ni ganancia. Un plan de seguros no está concebido para ahorrar dinero ni para la jubilación.

El seguro puede usarse en algunos países como medio barato de proveer ingreso futuro a la familia, y así invertir fondos hoy para uso de la familia y la obra del Señor. Sin embargo, comprado en exceso el seguro puede hacer que una familia se endeude, robe del dinero del

del Señor y contribuya a la dependencia del mundo.

Uno de los mejores activos en materia de seguros es contar con un agente de seguros confiable que se encargue de los seguros de uno. Un buen agente de seguros puede seleccionar de diferentes compañías para darle el mejor posible y crear un plan sencillo y breve para analizar sus necesidades exactas. El librito *Planes de seguros* examina diferentes opciones de seguros y la manera de saber cuál necesita uno en realidad.

RECREACIÓN/ENTRETENIMIENTO (5 % DEL INGRESO NETO)

La recreación no es mala si se ubica en la perspectiva apropiada. Pero constituimos una sociedad orientada hacia la recreación, y si usted está endeudado no debe usar el dinero de su acreedor en entretenimientos.

Qué terrible testimonio es que un cristiano que ya está esclavizado en lo financiero se dé gustos a expensas de otros. Dios sabe que necesitamos descansar y relajarnos y suele proporcionar esas oportunidades de fuentes inesperadas una vez que nuestra actitud es la correcta. Todo creyente, endeudado o no, probablemente debe reducir los gastos de entretenimiento.

Esto generalmente puede lograrse sin sacrificar la calidad del tiempo dedicado a la familia.

Sugerencias para la recreación

Planifique salir de vacaciones fuera de temporadas, si es posible.

Considere ir de campamento para evitar gastos de hotel y comidas. Los amigos cristianos pueden combinar los gastos de elementos para acampar.

Elija zonas vacacionales que no estén muy lejos de donde vive.

Considere cambiar de residencia con alguna familia cristiana que viva en otro lugar para tener unas vacaciones económicas.

Juegue con su familia en lugar de ver películas o videos.

Considere salir de viaje con otra familia para disminuir gastos.

Si viaja en avión, use la tarifa más barata (i.e., volar tarde en la noche o de madrugada suele ahorrar de 10 a 20%).

ROPA Y ZAPATOS
(5% DEL INGRESO NETO)

Muchas familias endeudadas sacrifican el área de vestir de su presupuesto debido a excesos en otras áreas. Sin embargo, mediante planificación y compras juiciosas, toda la familia puede vestir bien sin grandes gastos:

1. Ahorre lo suficiente para comprar al contado.
2. Eduque a los miembros de la familia para que cuiden la ropa.
3. Discipline a los niños para imponer estas costumbres.
4. Aprenda a hacer y arreglar la ropa.

Aprenda a usar sus recursos más que a ser consumidor. ¿Cuántas familias tienen clósets repletos de ropa que no usan porque «pasó de moda»?

Muchas familias que tienen grandes excedentes de ropa, gastan excesivamente en vestuario. Evalúe si realmente importa tener todo en materia de última moda ¿Compra ropa para satisfacer una necesidad, o un capricho?

Sugerencias acerca de la ropa

Haga toda la ropa de sus niños que pueda según el tiempo se lo permita. Ahorrará de cincuenta a sesenta por ciento.

Enumere las necesidades de ropa y compre lo más que pueda fuera de temporada.

Elija ropa que pueda combinar y usar en múltiples maneras.

Vaya a las tiendas que venden mercancía de calidad a menos precio por no ser de marcas famosas.

Frecuente establecimientos en los cuales se liquidan los excedentes de las fábricas. Allí puede comprar «bueno y barato».

Elija telas lavables en la ropa nueva. Evite todo lo que pueda la tintorería tradicional.

Acostumbre a reparar a tiempo la ropa dañada.

Aprenda a usar al máximo toda la ropa, especialmente la ropa infantil.

GASTOS MEDICOS Y DENTALES (5% DEL INGRESO NETO)

Anticipe estos gastos en su presupuesto y aparte regularmente fondos para esto; si no lo hace, sus planes fracasarán y terminará endeudándose. No sacrifique la salud de su familia por falta de previsión, pero tampoco vaya con excesiva frecuencia al médico. La prevención adecuada resulta mucho más económica que la corrección. Usted puede evitar muchas cuentas del dentista si enseña a sus hijos a comer el alimento adecuado y limpiar bien sus dientes. El dentista le dará toda la información pertinente. De igual forma puede evitar muchas cuentas del médico.

Cuide apropiadamente su cuerpo por medio de la dieta, el descanso y el ejercicio, y éste le corresponderá con buena salud. Maltrate su cuerpo y terminará pagando por medio de la enfermedad. Esto no quiere decir que todas las enfermedades o problemas sean causados por negligencia, pero muchos sí lo son.

No vacile en preguntar, por adelantado, a médicos y dentistas acerca de los costos. Edúquese bastante para discernir cuándo está recibiendo buena atención por lo que paga. La mayoría de los profesionales con concepto de ética no se ofenden porque usted les pregunte. Si lo hacen, puede ser indicio de que debe acudir a otro.

Cuando compre lo que le recetan, busque precios. Se sorprenderá cuando descubra la amplia variedad de precios de una farmacia a otra. Muchas hacen descuentos por comprar al contado.

AHORROS (5% DEL INGRESO NETO)

Es importante que considere algún ahorro en su presupuesto, pues de lo contrario el uso del crédito se vuelve una necesidad vitalicia, y la deuda un estilo de vida. Sus ahorros le permitirán comprar cosas al contado y buscar las mejores ofertas, en cualquier tienda.

Sugerencias para ahorrar

Si es posible, pida a la empresa donde trabaja que se lo descuente en la nómina, así aparta ese dinero antes de recibirlo.

Pida a su banco que descuente automáticamente el ahorro de su cuenta corriente.

Gire un cheque para su cuenta de ahorro como si fuera para un acreedor.

Cuando termina de pagar una deuda, reasigne ese dinero al ahorro.

GASTOS VARIABLES DEL HOGAR (MISCELANEOS, 5% DEL INGRESO NETO)

Algunos gastos son mensuales, mientras que otros se deben a necesidades que surgen (como los artefactos electrodomésticos).

Uno de los factores más importantes de los gastos domésticos es usted. Si puede hacer el mantenimiento y las reparaciones de rutina, evitará considerables gastos. Parte del cuidado y mantenimiento de la casa se relaciona con la vida familiar, en particular con la educación de los niños. Cuando ellos ven que mamá y papá se disponen gustosos a hacer trabajo físico en la casa, aprenderán buenas costumbres.

Algunos hombres evitan trabajar en la casa porque dicen carecer de las habilidades necesarias, pero éstas se aprenden, no se nace con ellas. Hay muchos libros buenos que detallan cada aspecto del mantenimiento del hogar.

Vivir ceñido a un presupuesto no es sólo prudente, sino que hasta puede resultar divertido. A medida que vaya triunfando en diversos aspectos, compártalos con otras personas. También entusiasme a sus hijos.

Ahora tiene las herramientas necesarias para organizar un presupuesto.

Lo que queda es cosa suya. La bendición de Dios es para aquellos que viven «decentemente y con orden» (1 Corintios 14:40).

La guía para el presupuesto familiar
(Ingresos y gastos mensuales)

INGRESOS MENSUALES ________

- Salario ________
- Intereses ________
- Dividendos ________
- Pagarés ________
- Rentas ________
- INGRESO BRUTO TOTAL ________

Menos:

1. Diezmo ________
2. Impuesto ________

INGRESO NETO PARA GASTAR ________

3. Casa 38%* ________
   - Amortización (alquiler) ________
   - Seguro ________
   - Impuestos ________
   - Electricidad ________
   - Gas ________
   - Agua ________
   - Eliminación de desechos ________
   - Teléfono ________
   - Mantenimiento ________
   - Otros ________
4. Alimentación 12% ________
5. Automóvil(es) 15% ________
   - Pagos ________
   - Combustible y aceite ________
   - Seguro ________
   - Placa ________
   - Impuestos ________
   - Mantenimiento/ reparaciones/repuestos ________
6. Seguros 5% ________
   - De vida ________
   - De hospitalización ________
   - Otros ________
7. Deudas 5% ________
   - Tarjetas de crédito ________
   - Préstamos y pagarés ________
   - Otros ________

*Porcentajes basados en un ingreso bruto de $25.000 anuales.

8. Entretenimiento y recreación 5% ________
9. Ropa 5% ________
10. Ahorros 5% ________

11. Gastos médicos 5% ________
    - Médico ________
12. Misceláneos 5% ________
    - Artículos de tocador, cosméticos ________
    - Peluquería, barbería ________
    - Lavandería, tintorería ________
    - Asignaciones, almuerzos ________
    - Suscripciones ________
    - Regalos (incl. Navidad) ________
    - Educación especial ________
    - Dinero efectivo ________
    - Otros ________
13. Escuela/cuidado de niños 10% (Si usa esta categoría presupuestaria debe reducir en cantidad igual los porcentajes asignados a las otras categorías. ________

TOTAL DE GASTOS ________

INGRESOS VERSUS GASTOS

- Ingreso neto para gastar ________
- Menos gastos ________
- TOTAL (déficit/superávit) ________

FORMULARIO 1

El total debe ser parejo o arrojar un excedente. Si los gastos totales son mayores que el ingreso para gastar, debe disminuir los gastos. Los porcentajes de los gastos variables y fijos deberán ajustarse, pero el total no debe exceder al ingreso neto para gastar.

Planificación de los gastos variables

PLANIFICACIÓN DE AQUELLOS GASTOS QUE NO SE PAGAN MENSUALMENTE EN FORMA REGULAR, POR ESTIMAR EL COSTO ANUAL Y DETERMINAR LA CANTIDAD MENSUAL QUE DEBE APARTARSE PARA ESE GASTO. UNA FÓRMULA ÚTIL ES USAR EL GASTO VARIABLE DEL AÑO ANTERIOR Y AÑADIRLE 5 POR CIENTO.

	Costo estimado		Por Mes
1. VACACIONES	$______	+12 =	$______
2. DENTISTA	$______	+12 =	$______
3. MEDICO	$______	+12 =	$______
4. AUTOMOVIL	$______	+12 =	$______
5. SEGURO ANUAL	$______	+12 =	$______
(De vida)	$______	+12 =	$______
(De salud)	$______	+12 =	$______
(De automóvil)	$______	+12 =	$______
(De vivienda)	$______	+12 =	$______
6. ROPA	$______	+12 =	$______
7. INVERSIONES	$______	+12 =	$______
8. OTROS	$______	+12 =	$______

FORMULARIO 2

Guía para el presupuesto porcentual

SALARIO PARA GUIARSE = ____________/AL AÑO

INGRESO BRUTO MENSUAL ____________

Diezmo	(10% del bruto)	(______)	=	$______
Impuesto	(12% del bruto)	(______)	=	$______
INGRESO NETO PARA GASTAR		(______)	=	
Vivienda	(32% del neto)	(______)	=	$______
Alimentación	(15% del neto)	(______)	=	______
Automóvil	(15% del neto)	(______)	=	______
Seguros	(5% del neto)	(______)	=	______
Deudas	(5% del neto)	(______)	=	______
Entreteni. y recr.	(7% del neto)	(______)	=	______
Ropa	(5% del neto)	(______)	=	______
Ahorros	(5% del neto)	(______)	=	______
Médicos/ dentales	(5% del neto)	(______)	=	______
Misceláneos	(6% del neto)			______
TOTAL (No puede exceder el ingreso neto para gastar)				$______

FORMULARIO 3

GUIA PARA EL PRESUPUESTO PORCENTUAL
(Muestra llenada)

SALARIO PARA GUIARSE = $15,000 /AL AÑO

INGRESO BRUTO MENSUAL $1,250

Diezmo	(10% del bruto)	(1250)	=	$ 125
Impuesto	(12% del bruto)	(1250)	=	$ 150
INGRESO NETO PARA GASTAR		975		
Vivienda	(32% del neto)	(975)	=	$ 312
Alimentación	(15% del neto)	(975)	=	146
Automóvil	(15% del neto)	(975)	=	146
Seguros	(5% del neto)	(975)	=	49
Deudas	(5% del neto)	(975)	=	49
Entreteni. y recr.	(7% del neto)	(975)	=	68
Ropa	(5% del neto)	(975)	=	49
Ahorros	(5% del neto)	(975)	=	49
Médicos/ dentales	(5% del neto)	(975)	=	49
Misceláneos	(6% del neto)	(975)	=	58
TOTAL (No puede exceder el ingreso neto para gastar)				$ 975

FIGURA 1

Guia porcentual del ingreso familiar

Ingreso bruto	15,000	20,000	40,000	50,000	60,000
Diezmo	10%	10%	10%	10%	10%
Impuestos	12%	14%	15%	17%	21%
NETO PARA GASTAR	**11,700**	**15,200**	**30,000**	**36,500**	**41,400**
Vivienda	32%	%	%	%	%
Automóvil	15%	15%	12%	12%	12%
Alimentación	15%	16%	14%	14%	10%
Seguros	5%	5%	5%	5%	5%
Entretenimiento/recr.	7%	7%	7%	7%	7%
Ropa	5%	5%	5%	6%	6%
Médicos/dentales	5%	5%	4%	4%	4%
Misceláneos	6%	7%	7%	8%	8%
Ahorros	5%	5%	5%	5%	5%
Deudas	5%	5%	5%	5%	5%
Inversiones			8%	9%	13%

FIGURA 2

ANALISIS DEL PRESUPUESTO

Por año 15,000 **Neto para gastar por mes** 938

Por mes 1,250

CATEGORIA DE PAGO MENSUAL	PRESUPUESTO EXISTENTE	GUIA MENSUAL DEL PRESUPUESTO	DIFERENCIA + 0 -	NUEVO PRESUPUESTO MENSUAL
1. Diezmo				
2. Impuesto				
INGRESO NETO PARA GASTAR (POR MES)	$______	$______	$______	$______
3. Vivienda				
4. Alimentación				
5. Automóvil				
6. Seguros				
7. Deudas				
8. Entret. y recreación				
9. Ropa				
10. Ahorros				
11. Médicos				
12. Misceláneos				
TOTAL (artículos 3 al 12)	$______	$______		$______

FORMULARIO 4

ANALISIS DEL PRESUPUESTO
(Muestra llenada)

Por año ________ Neto para gastar por mes ____________

Por mes ________

CATEGORIA DE PAGO MENSUAL	PRESUPUESTO EXISTENTE	GUIA MENSUAL DEL PRESUPUESTO	DIFERENCIA + 0 -	NUEVO PRESUPUESTO MENSUAL
1. Diezmo	125	125	0	125
2. Impuesto	187	150	+37	150
INGRESO NETO PARA GASTAR (POR MES)	$ 938	$ 975	$ +37	$ 975
3. Vivienda	391	312	-75	380
4. Alimentación	230	146	-84	200
5. Automóvil	85	146	+61	85
6. Seguros	39	49	+10	39
7. Deudas	90	49	-41	75
8. Entret. y recreación	53	68	+15	40
9. Ropa	50	49	-1	35
10. Ahorros	0	49	+49	40
11. Médicos	30	49	+19	25
12. Misceláneos	69	58	-11	56
TOTAL (artículos 3 al 12)	$ 1037	$ 975		$ 975

FORMULARIO 3

Asignacion del ingreso

INGRESO		FUENTE DE INGRESO/ PERIODO DEL PAGO			
CATEGORIA PRESUPUESTARIA	ASIGNACION MENSUAL				
1. DIEZMO					
2. IMPUESTO					
3. VIVIENDA					
4. ALIMENTACION					
5. AUTOMOVIL					
6. SEGUROS					
7. DEUDAS					
8. ENTRETENIMIENTO Y RECREACION					
9. ROPA					
10. AHORROS					
11. MEDICOS					
12. MISCELANEOS					

FORMULARIO 5

LISTA DE DEUDAS

A QUIEN SE LE DEBE	NOMBRE DEL CONTACTO NO. DE TELEFONO	LIQUIDADO	PAGOS PENDIENTES	PAGOS MENSUALES	FECHA

FORMULARIO 6

Aplicaciones prácticas

Un amigo me dijo una vez que la información sin aplicación conduce a la frustración. Para evitar ese problema, esta sección aporta ideas para ayudarle a aplicar los principios financieros de Dios.

Metas de comunicación familiar

La comunicación es vital para la planificación financiera con la familia. Para realzar la comunicación, enumero algunas preguntas que ambos cónyuges deben contestar, y recomiendo que las contesten por separado. Escriba cada respuesta como si fuera su cónyuge quien le hace la pregunta. Entonces, en un momento en que no sean interrumpidos, evalúen las respuestas juntos.

Las preguntas fueron preparadas para enriquecer las conversaciones de parejas cristianas maduras. Uselas como herramientas de amor, no como pertrechos de guerra.

A. **Metas personales**

Responda como si fuera su cónyuge quien le pregunta:

1. ¿Cuáles son tus metas personales en la vida?

   ____

2. ¿Qué metas personales te has fijado para el próximo año?

   ____

3. ¿Cómo puedo ayudarte a cumplir tus metas?

   ____

4. ¿Qué puedo hacer para ayudar o mejorar nuestro estado financiero?

   ____

5. ¿Piensas que hay equilibrio entre mi actividad exterior y el tiempo que paso en casa?

   ____

6. ¿Te gustaría que hiciera más cosas en casa, como limpiar y decorar?

   ____

7. En cuanto a mis actividades fuera de casa, ¿cuáles considerarías que son mis prioridades?

   ____

8. ¿Piensas que necesito mejorar en algún aspecto, como mis actitudes, mis modales, mi apariencia física?

____

B. **Metas matrimoniales**

1. ¿Crees que nuestro matrimonio está madurando y que nos estamos uniendo más?

____

2. ¿Piensas que nos comunicamos claramente?

____

3. ¿Soy sensible a tus necesidades personales?

____

4. ¿Qué te gustaría que dijera o hiciera la próxima vez que parezcas enojado(a) conmigo o cuando no me hablas?

____

5. La próxima vez que te atrases en estar listo(a) para salir, ¿qué te gustaría que te dijera o hiciera?

____

6. ¿Qué te gustaría que dijera o hiciera la próxima vez que pareces estar impaciente con algo o alguien?

____

7. ¿Qué te gustaría que dijera o hiciera si empiezas a criticar a alguien?

____

8. ¿Piensas que necesito mejorar en esto de estar listo(a) a tiempo o en llegar puntualmente a las reuniones?

____

9. ¿Piensas que debemos salir juntos más a menudo?

____

10. ¿Te ridiculizo o critico delante de a otras personas?

____

11. ¿Qué debo hacer en público para darte ánimo?

____

12. ¿Respondo a tus sugerencias e ideas como si ya se me hubiera ocurrido eso, en lugar de darte las gracias y animarte a contribuir más?

____

13. ¿Te cuento bastante de lo que hago cada día?

____

14. ¿Qué pequeños gestos de amor hago por ti?

____

15. ¿Qué es lo que te hace enojar conmigo más a menudo?

____

16. ¿Demuestro mi admiración y respeto por ti con bastante frecuencia?

____

17. ¿Fingimos tener un matrimonio feliz delante de otras personas?

    ____

18. ¿Qué significa 1 Corintios 7:3-7 según tu punto de vista?

    ____

19. ¿Piensas que necesitemos ir a un consejero matrimonial?

    ____

20. ¿Cuáles son las responsabilidades de una «ayuda idónea»?

    ____

21. ¿Nos damos la misma atención el uno al otro que antes de tener los niños?

    ____

C. Metas familiares

1. ¿Cuáles son las metas de nuestra familia?

   ____

2. ¿Estamos logrando las metas de nuestra familia?

   ____

3. (Esposa) ¿Qué puedo hacer para ayudarte a cumplir tus responsabilidades como líder espiritual de nuestra familia?

   ____

   (Esposo) ¿Cómo puedo cumplir mejor mis responsabilidades como líder espiritual?

   ____

4. ¿Piensas que suplimos las necesidades espirituales de nuestra familia?

____

5. ¿Qué clase de devociones familiares debemos tener?

____

6. Enumera las responsabilidades para el esposo y la esposa que señalan los siguientes pasajes:

____

1 Pedro 3:1-2 ______________
Colosenses 3:18-19 __________
1 Timoteo 2:11-15 __________
1 Corintios 11:3 ____________
Efesios 5:17-33 _____________

7. ¿Piensas que llevamos una vida de oración consecuente?

____

8. ¿Piensas que participamos adecuadamente en nuestra iglesia?

____

9. ¿Piensas que satisfacemos las necesidades físicas de nuestra familia?

____

10. ¿Debemos mejorar nuestros hábitos de comer?

____

11. ¿Debemos hacer más ejercicio?

____

12. ¿Usamos bien nuestro tiempo? Por ejemplo, ¿vemos demasiada televisión?, ¿debemos tener más pasatiempos?, ¿leer más?

    ____

13. ¿Cómo y cuándo debemos disciplinar a nuestros niños? ¿Cuál es el punto de vista bíblico de la disciplina, según tu opinión?

    ____

14. Anote las responsabilidades de padres e hijos que señalan los siguientes pasajes:
    Colosenses 3:20-21 ____________
    Hebreos 12:5-11 ____________
    Proverbios 3:11-12 ____________
    Efesios 6:4 ____________
15. ¿Cuál clase de instrucción y preparación debemos dar a nuestros hijos?

    ____

D. **Metas financieras**

1. ¿Piensas que manejo adecuadamente el dinero?

   ____

2. ¿Cómo podría manejar mejor nuestro dinero?

   ____

3. ¿Piensas que soy:
   demasiado frugal ____________
   demasiado extravagante ____________

casi correcto ______________

¿por qué? ______________

4. ¿Piensas que acepto bien las responsabilidades financieras?

____

5. ¿Piensas que nos comunicamos bien las metas financieras?

____

6. ¿Cuál es tu meta financiera inmediata?

____

7. ¿Cuál es tu meta primordial para este año?

____

8. ¿Cuál es tu plan para la educación de los hijos?

____

9. ¿Cuál es tu meta para la jubilación?

____

10. ¿Qué piensas del diezmo?

¿Es necesario diezmar? ______________

¿Cuánto? ______________

¿Adónde debe ir? ______________

11. ¿Qué piensas de dar, en general?

____

12. ¿Te gusta la forma en que vivimos?

____

13. ¿Qué cambios te gustaría ver?

____

Análisis de problemas presupuestarios

ERRORES DE CONTABILIDAD

Para mantener un presupuesto ordenado, es necesario conservar registros. Estos incluyen el presupuesto doméstico previamente establecido y los documentos bancarios pertinentes. Muchos no llevan control de su cuenta corriente, y rara vez o nunca hacen una conciliación. Es imposible equilibrar el presupuesto doméstico sin conciliar la chequera. Vaya al encargado de cuentas de su banco, y pídale que le ayude si no logra cuadrar sus registros. Algunas ideas útiles en este aspecto son:

1. Use una chequera con un registro como de libro mayor (en lugar de una tipo talonario con matriz).
2. Enumere todos los números de los cheques antes de girar el primero.
3. Anote cada cheque en el registro al momento de girarlo, con detalles.
4. Solamente una persona debe llevar el registro y la chequera.
5. Concilie el registro cada mes.

DEUDAS OCULTAS

Son esas cuentas que no vencen mensualmente. Sin embargo, su presupuesto debe hacer provisión para ellas; de no hacerlo, frustrará sus esfuerzos por ser buen mayordomo.

Algunas deudas de este tipo son:

1. Casetes, libros y revistas
2. Crédito en tiendas de venta al detalle
3. Familia, amigos
4. Médico, dentista
5. Impuestos
6. Primas anuales de seguros

ARTICULOS QUE SE COMPRAN IMPULSIVAMENTE

Comprar por impulso es muy común en la mayoría de nosotros. La lista de compras impulsivas puede ir desde casas, automóviles y viajes caros hasta las herramientas y artículos para entretenimiento. La cuestión no es su valor sino su necesidad. Considere cada compra a la luz de los artículos presupuestados y evite comprar algo impulsivamente.

Algunos datos para reducir la compra por impulso:

1. Use un plan de compras diferidas. No compre fuera de su presupuesto a menos que espere treinta días.

2. Decídase a encontrar, durante esa espera, por lo menos dos artículos similares al que quiere comprar para comparar precios.

3. Permítase solamente una compra nueva a la vez que no esté presupuestada.

4. Nunca use las tarjetas de crédito para comprar por impulso.

5. ¡Aléjese de las tiendas!

REGALOS

Los regalos ponen rápidamente en peligro al presupuesto. Empiece a buscar alternativas a los regalos costosos para su familia y amigos. Decida controlar este aspecto, independientemente de su estado financiero. He aquí algunos datos útiles:

1. Lleve un calendario de las ocasiones especiales del año, y planee con anticipación.

2. Empiece algunas artesanías familiares y hagan los regalos que necesitan, como cuadros de pared, bolsas, y objetos hechos con cuerdas, que no sólo son buenos regalos, sino que reflejan esfuerzo y amor.

3. Anote en papelitos el nombre de los miembros de su familia y sáquelos de una bolsa para obsequiarles con regalos selectos en lugar de que cada miembro de la familia le regale algo a cada uno.

4. No compre regalos al crédito.

5. Ayude a que sus niños puedan ganar dinero para comprar los regalos que ellos quieran hacer.

6. Envíe tarjetas para los cumpleaños y aniversarios especiales.

Otros libros del mismo autor en esta serie

497247
Libertad financiera
Deuda y bancarrota

497248
Inversiones sabias
Acciones, bonos, pensiones, bienes raíces, y dinero efectivo

497249
Compras mayores
Vivienda, automóvil, y efectos electrodomésticos

497250
Dando y diezmando
Servicio y mayordomía

497251
Planes de seguros
Vida, hospitalización, automóvil, propiedad, y accidente

497252
Finanzas personales
Modelos de presupuesto familiar

Otros productos de la Línea de Oro de
Editorial Unilit

NOTAS ✍

NOTAS ✍

NOTAS ✍

NOTAS ✍

NOTAS ✍

NOTAS ✍

NOTAS ✍

NOTAS ✍

NOTAS ✍

NOTAS ✍

NOTAS ✍

NOTAS ✍

NOTAS ✍

NOTAS ✍

NOTAS ✍

NOTAS ✍